La conservation des pièces est indiquée scrupuleusement.

Les prix sont nets.

Les envois aux frais des acheteurs et payables en un bon à vue sur Paris ou contre remboursement.

Pas de réponse aux demandes d'articles vendus.

Achat de monnaies et médailles de tous pays, tant anciennes que modernes.

Rédaction de catalogues. — Expertises.

Envois à vue aux amateurs qui en font la demande.

Achats de documents anciens (parchemins, manuscrits, etc.), de curiosités, d'objets d'art, d'antiquités relatifs à la Lorraine et aux pays avoisinants (Luxembourg, Province rhénane, etc.), et de documents généalogiques et héraldiques en général.

N° 2

CATALOGUE

DE

MONNAIES & MÉDAILLES

ANCIENNES

DU MOYEN-AGE & MODERNES

Collection R. G., de Voiron (Isère)

EN VENTE AUX PRIX MARQUÉS

Chez J. FLORANGE, Expert

21, QUAI MALAQUAIS, 21

PARIS

1892

MACON, PROTAT FRÈRES, IMPRIMEURS

MONNAIES & MÉDAILLES

ANCIENNES

DU MOYEN-AGE & MODERNES

MONNAIES GRECQUES

1 *Italie centrale*. Quadrans à la main ouverte et accostée d'une massue et de trois points (Br. Mus., Italy 47. 8) 54 gr. Br. échancré. *AB*. 15 fr.

2 *Naples*. Tête de femme, à dr. ℞. Taureau androcéphale march. à dr., couronné par la Victoire (Br. Mus., Italy 105. 106) 6 gr. 5. Æ. *B*. 7 »

3 *Tarente*. Cavalier, à g. ℞. Taras assis sur un dauphin (Br. Mus., Italy 181. 161) 6 gr. 3. Æ. *B*. 14 »

4 *Agrigente*. Aigle, à g. ℞. Crabe (Br. Mus., Sicily 6. 13) 8 gr. 5. Æ. *AB*. 20 »

5 *Segeste*. Tête de femme, de trois quarts, entre deux branches de laurier. ℞. ΣΕΓΕ, rétrograde, entre les pattes d'un chien lévrier, tourné à g. Devant l'animal, un coquillage, et au dessus du même, la tête de la Gorgone (Cf. Br. Mus., Sicily 135. 43) 0 gr. 6. Æ. *B*. 26 »

6 *Syracuse*. Tête de femme, à dr., entourée de dauphins. ℞. Pégase, à dr. 5 gr. Æ. *AB*. 5 »

7 *Macédoine*. Tête de Diane, à dr. ℞ Massue couchée dans une couronne (Br. Mus., Maced. 7. 2) 17 gr. Æ. Beau style. *B*. 20 »

8 *Corcyre*. Vache allaitant son veau. ℞. Jardin d'Alcinoüs (Br. Mus., Thessaly 118. 69) 11. gr. AR. *AB*. 10 »

9 *Corinthe*. Tête de Minerve; devant, Δ, et derrière, un petit personnage. ℞. Pégase (Br. Mus., Corinth 30. 282 var.) 8 gr. 5. AR. *B*. 7 »

10 *Samos*. Tête de lion, de face. ℞. Partie antérieure d'un bœuf couché à dr. 4 gr. AR. *B*. 10 »

11 *Galatie*. Amyntas. Tête de Minerve, à dr. ℞. Victoire march. à g. 15 gr. 5. AR. *B*. 40 »

12 *Numidie*. Micipsa (Müller 19. 36). 2 var. Plomb. *AB*. à 1 »

13 — Juba I. Buste, à dr. ℞. Temple (Müller, III, 42. 50). AR. Revers un peu rogné. *B*. 5 »

MONNAIES CELTIBÉRIENNES

14 *Emporiae*. Tête de Cérès, à g. ℞. Cheval deb., à dr., couronné par la Victoire (Heiss, I, 1). AR. *B*. 25 »

15 — Tête de Cérès, à dr. ℞. Pégase, à dr. (Heiss, I, 3). AR. *B*. 6 » *AB*. 5 » *FR*. 2 »

16 — Tête de Cérès, à dr. ℞. Pégase, à dr. (Heiss, I, 9). AR. *AB*. 5 »

17 — EM. Tête de Cérès de trois quarts, à dr. ℞. Cavalier, à dr., avec manteau flottant, armé d'une lance (Heiss, I, 16 var.). AR. *B*. 25 »

18 — Tête, à dr. Pégase, à dr. (Heiss, III, 55). Br. *AB*. 1 »

19 — Tête, à dr. Pégase, à dr. (Heiss, III, 56). Br. contremarqué. *B*. 4 »

20 — Tête, à dr. Pégase, à dr. (Heiss, III, 57). Br. *AB*. 1 50

21 — — — — 58 — *B*. 2 »

22 — — — — 66 — *AB*. 1 »

23 — — — — IV, 38 — *AB*. 2 »

24 — — — — IV, 39 — *AB*. 2 »

25 — — — Style barbare. — *FR*. 2 »

26 *Cose*. — ℞. Deux chevaux, à dr., dont l'un monté par un cavalier. (Heiss, VI, 1). AR. *B*. 12 »

27 *Osca*. Tête, à dr. ℞. Cavalier, à dr. (Heiss, XIII, 1). Æ. *B*. 3 »

28 *Belsinum*. Tête, à dr. ℞. Cavalier, à dr. (Heiss, XX, 2). Æ. *B*. 3 50

MONNAIES GAULOISES [1]

29 *Massilia*. Tête de bélier, à g. (444). Æ. *B*. 12 »

30 — Casque. ℞. Uniface (185). Æ. *B*. 15 »

31 — Tête, à g. ℞. Crabe (510). Æ. *B*. 16 »

32 — Tête, à dr. ℞. Roue (520). Æ. *B*. 8 »

33 — — ℞. Légende dans la roue (522). Æ. *B*. 10 »

34 — Tête, à g. ℞. Roue (523). Æ. *B*. 10 »

35 — — ℞. MA dans une roue (593 et 681). Æ. *B*. à 2 »

36 — Tête de Diane, à dr. ℞. Lion, à dr. (821). Æ. *B*. 4 »

37 — Tête de Diane, à dr. ℞. Lion, à dr. (869). Æ. *B*. 4 »

38 — Tête de Diane, à dr. ℞. Lion, à dr. (976) 3 var. Æ. *B*. à 5 »

39 — Tête de Diane, à g. ℞. Lion, à g. (1072). Æ. *B*. 18 »

40 — Tête de Diane, à dr. ℞. Lion, à dr. (1214). Æ. *B*. 6 »

41 — Tête de Diane, à dr. ℞. Lion, à dr. (1443). Æ. *B*. 12 »

42 — Tête d'Apollon, à g. ℞. Taureau, à dr. (1495). Br. *AB*. 5 »

43 — Tête d'Apollon, à g. ℞. Taureau, à dr. 2 var. Br. *AB*. à 2 »

1. Catalogue des monnaies gauloises de la Bibliothèque Nationale. Paris, 1889.

44 — Tête d'Apollon, à dr. ℞. Taureau, à dr. (1673). Br. *AB.* 2 50
45 — Tête, à g. ℞. Taureau, à dr. Br. *AB.* 2 50
46 — Tête, à dr. ℞. Taureau, à dr. Br. *AB.* 4 »
47 — Tête de Minerve, à dr. ℞. Lion, à dr. Br. *AB.* 5 »
48 *Cabellio.* Tête de femme, à dr. ℞. Tête casquée, à dr. (2563 et 2572). Br. *B.* à 8 »
49 *Volcae Arecomici.* Tête, à g. ℞. Cheval galop. à g. (2628) 2 var. Æ. *AB.* à 5 »
50 — Tête de Diane, à dr. ℞. Personnage deb. dev. une palme (2662). Br. *AB.* 4 »
51 *Nemausus.* Tête d'Apollon, à g. ℞. Sanglier, à g. (2864). 3 var. Br. *AB.* à 2 »
52 — Buste casqué, à dr. ℞. Femme deb., à g. (2729). Br. *AB.* 6 »
53 — Tête d'Auguste et d'Agrippa. ℞. Crocodile (2806). Br. *AB.* 2 50
54 — La même pièce contremarquée. Br. *B.* 4 »
55 — Variété de la pièce précédente (2837). Br. *B.* 3 50
56 *Allobroges.* Tête d'Apollon, à dr. ℞. Chamois, à dr. (2878). Æ. *AB.* 6 »
57 — Tête d'Apollon, à g. ℞. Cheval, à g. (2901). Æ. *AB.* 7 »
58 — Tête de Pallas, à g. ℞. Hippocampe, à g. Æ. *AB.* 3 »
59 — Tête de Pallas, à dr. ℞. Hippocampe, à dr. Æ. *AB.* 2 50
60 *Volcae Tectosages.* Tête de nègre, à g. ℞. Croix cantonnée (2976). Æ. *AB.* 5 »
61 — Tête barbare, à g. ℞. Croix cantonnée (3116). Æ. *AB.* 3 »
62 — Tête, à g. ℞. Croix cantonnée (3293 var.). Æ. 2 »
63 — Tête, à dr. ℞. Croix cantonnée. 2 var. Æ. *AB.* à 3 »
64 — T accosté de deux croissants (?). ℞. I (3416). Pot. *AB.* 2 »
65 — Tête, à g. ℞. Sanglier courant à g. (3433) 3 var. Æ. *AB.* à 4 »

66 — Tête, à g. ℞. Croix cantonnée (3460). Æ. *AB.* 5 »
67 *Elusates.* Tête informe. ℞. Cheval, à g. (3587). Bil. *B.* 4 »
68 *Aedui.* Tête chevelue, à dr. ℞. Cheval, à dr.; dessous, lyre (4866). Æ. *B.* 5 »
69 *Sequani.* Tête, à g. ℞. Taureau, à g. (5368). Pot. *B.* 2 » *AB.* 1 »
70 — Variété de la pièce précédente. Pot. *B.* 3 »
71 — Tête, à g. ℞. Cheval, à g. (5527). Pot. *B.* 3 »
72 — Tête, à g. ℞. Cheval, à g. (5542). Pot. *B.* 7 »
73 — Tête, à g. ℞. Cheval, à g. (5611). 2 var. Pot. *B.* à 2 »
74 — Buste casqué, à dr. ℞. Lion cour. à dr. (5629). Pot. *B.* 2 »
75 — Tête de Pallas, à dr. ℞. Cavalier, à dr. (5749). Æ. *B.* 3 »
76 — Tête de Pallas, à dr. ℞. Cavalier, à dr. (5755). Æ. *AB.* 2 »
77 — Tête de Pallas, à dr. ℞. Cavalier, à dr. (5816). Æ. *B.* 6 » *AB.* 3 »
78 — Tête de Pallas, à dr. ℞. Cavalier, à dr. (5827). Æ. *B.* 5 »
79 — Tête de Pallas, à dr. ℞. Cavalier, à dr. (5895). Æ. *B.* 6 »
80 — Tête de Pallas, à dr. ℞. Cavalier, à dr. (5906). Æ. *AB.* 4 »
81 — Tête de Pallas, à dr. ℞. Cavalier, à dr. (5916). Æ. *FR.* 3 »
82 *Curiosolitae.* Tête barbare, à dr. ℞. Bige, à dr. (6683). Bil. *AB.* 3 »
83 *Turones.* Tête casquée, à g. ℞. Cheval, à g. (7010). 2 var. Pot. *AB.* à 5 »
84 *Remi.* Tête de Janus. ℞. Lion, à g. (8106). Br. *B.* 6 »
85 *Catalauni.* Guerrier deb., à dr. ℞. Ours, à dr. (8124). Pot. *B.* 3 »
86 Incertaines de l'Est. Tête casquée, à g. ℞. Cheval, à g.; dessous, rouelle (8178). Æ. *B.* 5 »
87 — Trois dauphins (?) autour d'un point. ℞. Trois

S (?) autour d'un point (8329 et 8330). Pot. 2 var. *AB.* à 4 »

88 *Leuci.* Tête, à g. ℞. Sanglier, à g. (9062). Pot. *AB.* 1 »

89 — Tête casquée, à g. ℞. Taureau, à dr.; au dessus, lis (9155). Pot. *B.* 6 »

90 — Tête d'Octave, à dr. ℞. Taureau, à g. (9245). Br. *AB.* 3 »

91 Imitation de tétradrachme de Philippe II de Macédoine. ℞. Cavalier, à g.; sous le cheval, trois rouelles et trois points. Æ. *B.* 16 »

MONNAIES ROMAINES

a. RÉPUBLIQUE

92 Tête laurée de Jupiter. ℞. Proue de vaisseau; au dessus, S. Semis, 127 gr. (Bab. 52)[1]. *AB.* 20 »

93 Tête laurée de Janus. ℞. Proue. As. *AB.* 5 »

94 Tête de Mercure. ℞. Proue. Sextans. *AB.* 1 »

95 *Aburia.* Bige (6). Æ. *B.* 2 »

96 *Acilia.* La Santé deb., à g. (8). Æ. *TB.* 3 »

97 *Aemilia.* Statue d'un cavalier (7). Æ. *B.* 2 »

98 — Quadrige, à g. (8). Æ. *B.* 6 »

99 — *Antestia.* Les Dioscures (1). Æ. *B.* 1 »

100 *Antonia.* Victoire dans un quadrige (1). Æ. *B.* 2 »

101 — Aigle lég., III (106). Æ. *AB.* 2 »

102 — — VII (113). Æ. *FR.* 1 »

103 *Appuleia.* Quadrige (1). Æ. *B.* 1 50

104 *Aquilia.* Aquillius relevant la Sicile (2). Æ. *B.* 2 »

105 *Atilia.* Les Dioscures (9). Æ. *B.* 3 »

106 *Baebia.* Quadrige (12). Æ. *B.* 2 »

107 *Caecilia.* Lituus et praeferimembers (44). Æ. *B.* 3 »

108 — Rome assise et couronnée par la Victoire (45.) Æ. *B.* 3 »

1. Les numéros placés entre parenthèses sont ceux de l'ouvrage : Babelon, *Monnaies de la République romaine*. Paris, 1885-86.

109	*Caesia.* Les dieux Lares assis, de face (1). Æ. Contremarqué.	*AB.*	2	»
110	*Calpurnia.* Victoire deb., à dr. (13). Æ. Q.	*B.*	3	»
111	— Cavalier, à dr. (24). Æ.	*FR.*	1	50
112	— S. C. (40). MB.	*AB.*	1	»
113	*Carisia.* Coin monétaire, etc. (1). Æ.	*FR.*	2	»
114	*Cassia.* Deux bœufs attelés à une charrue (4). Æ. Contremarqué MPES. Fabrique barbare.	*FR.*	3	»
115	— Aigle, etc. (7). Æ.	*TB.*	3	50
116	— Temple de Vesta (8). Æ.	*TB.*	3	»
117	— Citoyen romain deb., à g. (10). Æ.	*B.*	2	»
118	— S. C. (24). MB.	*FR.*	2	»
119	*Cipia.* Bige, à dr. (1). Æ. Fourré et usé.		1	50
120	*Claudia.* Diane Lucifera deb., à dr. (15). Æ. Echancré.		1	»
121	— S. C. (26). PB.	*AB.*	1	»
122	*Cœlia.* Tête radiée du Soleil, à dr. (4). Æ. Fourré.	*FR.*	3	»
123	*Cordia.* Vénus Verticordia deb. (1). Æ.	*B.*	4	»
124	— L'égide de Minerve (4). Æ.	*AB.*	3	»
125	*Cornelia.* Quadrige, à dr. (24). Æ.	*AB.*	1	»
126	— Bige, à dr. (50). Æ.	*AB.*	2	»
127	— Le globe terrestre, etc. (54). Æ.	*B.*	1	50
128	— Tête d'Hercule, à dr. ℞. Le Génie du peuple romain assis de face (58). Æ.	*B.*	50	»
129	— Trois trophées (63). Æ.	*B.*	3	»
130	*Crepusia.* Cavalier, à dr. (1). Æ.	*TB.*	2	»
131	*Decimia.* Bige, à dr. (1). Æ.	*FR.*	1	»
132	*Didia.* Le préteur T. Didius frappant un esclave armé (2). Æ.	*B.*	4	»
133	*Fabia.* Corne d'abondance (5). Æ.	*B.*	2	»
134	*Farsuleia.* Bige, à dr. (2). Æ.	*TB.*	2	»
135	*Fonteia.* Galère (7). Æ.	*B.*	3	»
136	— Cavalier galopant à dr. (17). Æ. Contremarqué.	*AB.*	3	»
137	*Furia.* La déesse Rome couronnant un trophée (18). Æ.	*B.*	2	»

138 — Chaise curule (23). Æ. *B.* 4 »
139 *Gallia.* S. C. (3). MB. *FR.* 1 »
140 *Herennia.* Amphinomus emportant son père sur ses épaules (1). Æ. *AB.* 1 »
141 *Hosidia.* Le sanglier de Calydon percé d'une flèche (1). Æ. *TB.* 3 50
142 *Hostilia.* Diane d'Ephèse deb., de face (4). Æ. *TB.* 4 »
143 *Julia.* Vénus dans un char (4). Æ. *B.* 2 »
144 *Junia.* Les Dioscures (8). Æ. *B.* 2 »
145 — Victoire dans un bige (16). Æ. *B.* 6 »
146 — Brutus et Ahala (30). Æ. *AB.* 4 »
147 — Brutus entre deux licteurs (31). Æ. *B.* 3 50
148 — Ancre et gouvernail (33). Æ. Q. *B.* 5 »
149 *Licinia.* Trois citoyens romains dans les comices (7). Æ. *AB.* 1 »
150 — Le roi arverne Bituitus deb. dans un bige (15). Æ. *FR.* 1 »
151 *Livineia.* Chaise curule (10). Æ. *FR.* 3 »
152 *Lucilia.* Victoire dans un bige (1). Æ. *TB.* 2 50
153 *Maenia.* Victoire dans un quadrige (7). Æ. *AB.* 1 50
154 *Marcia.* Satyre Marsyas (24). Æ. *TB.* 2 »
155 — Statue équestre (28). Æ. *TB.* 4 »
156 *Memmia.* Les Dioscures (1). Æ. *B.* 2 »
157 *Minucia.* Colonne accostée de deux hommes (9). Æ. Contrem. *AB.* 1 50
158 — Deux combattants (19). Æ. Contrem. *AB.* 1 50
159 *Mussidia.* Deux personnages dans un vaisseau (6). Æ. *AB.* 2 »
160 — Variété de la pièce précédente (6). Æ. Contremarqué. *FR.* 1 50
161 *Norbana.* Epi, faisceau et caducée (2). Æ. *FR.* 1 »
162 *Papia.* Griffon (1, symbole 106). Æ. *B.* 2 »
163 *Papiria.* Quadrige (6). Æ. *AB.* 1 »
164 *Pinaria.* Bige (2). Æ. *AB.* 1 »
165 *Plancia.* Bouquetin (1). Æ. *B.* 2 »
166 *Plautia.* L'Aurore (14). Æ. *B.* 2 »
167 *Pompeia.* La Louve (1). Æ. *FR.* 1 »

168	— Proue de vaisseau (20). MB.	*FR.*	1	»
169	*Porcia.* Bige (1). Æ.	*FR.*	1	»
170	— Victoire assise (7). Æ. Q.	*B.*	1	50
171	*Postumia.* Sacrificateur (7). Æ.	*B.*	3	»
172	— Deux mains (10). Æ.	*AB.*	3	»
173	*Procilia.* Bige, à dr. (2). Æ.	*B.*	2	50
174	*Renia.* — (1). Æ.	*AB.*	1	»
175	*Rustia.* Bélier deb. (1). Æ.	*TB.*	2	50
176	*Rubria.* Quadrige (1). Æ.	*FR.*	1	»
177	*Satriena.* Louve, à g. (1). Æ.	*AB.*	2	»
178	*Scribonia.* Autel (8). Æ.	*FR.*	1	»
179	*Sergia.* Cavalier (1). Æ.	*AB.*	1	50
180	*Servilia.* Les Dioscures (1). Æ.	*AB.*	2	»
181	*Thoria.* Taureau (1). Æ.	*B.*	2	»
182	*Tituria.* Enlèvement des Sabines (3). Æ.	*AB.*	1	»
183	— Tarpeia entre deux combattants (4). Æ.	*AB.*	1	»
184	*Valeria.* Mars deb., à g. (11). Æ.	*B.*	3	»

b. EMPIRE

185	*Jules César.* Éléphant et instruments de sacrifice (Coh. 49[1]). Æ.	*TB.*	3	50
186	*Jules César et Marc-Antoine* (2). Æ.	*B.*	12	»
187	*Jules César et Octave* (3). GB.	*AB.*	8	»
188	*Lépide. Antibes.* Br. contrem.	*AB.*	5	»
189	*Marc-Antoine et Octave* (7). Æ.	*AB.*	22	»
190	*Fulvie.* Lyon. (4). Æ. Q.	*FR.*	2	»
191	*Octavie et Marc-Antoine* (2). Æ. M.	*AB.*	26	»
192	*Octave-Auguste.* Victoire sur la ciste mystique (14) Æ Q.	*AB.*	3	»
193	— Caius César galopant à dr. (40). Æ.	*AB.*	5	»
194	— Caius et Lucius (43). Æ.	*AB.*	1	»
195	— Victoire sur un globe (64). Æ.	*FR.*	3	»
196	— Quadrige à dr. (77). *N.*	*TB.*	90	»
197	— — (78). Æ.	*FR.*	2	50

1. Cohen, *Description des monnaies romaines*, 2e éd. Paris, 1880-92.

198 — Jules César deb. dans un temple (90). Æ. *AB.* 5 50
199 — Comète (98). Æ., fourré. *AB.* 1 50
200 — Autel (104). Æ. *AB.* 6 »
201 — Taureau à dr. (137). Æ. *B.* 2 »
202 — Autel (228). MB. *B.* 2 »
203 — — Atelier de Lyon (240). MB. *FR.* 1 »
204 — La même pièce contremarquée. MB. *AB.* 3 »
205 — Bouclier, etc. (267). Æ. *FR.* 3 »
206 — Bouclier (294). Æ. *AB.* 4 »
207 — Petronia Tarpeia sous un monceau de boucliers (494). Æ. *AB.* 15 »
208 — Plotia (504). MB. *AB.* 2 »
209 — Variété de la pièce précédente. MB., patine verte. *AB.* 2 »
210 — Rest. de Titus (552). MB. *AB.* 10 »
211 — — Gallien. (578). Bil. *TB.* 6 »
212 — *Judée.* (Madden 174. 1.) Br. *FR.* 1 »
213 — M. B. contremarqué de TIB. AVG. *FR.* 2 »
214 — — de TIBAVG et de IMP AVG. MB. *FR.* 3 »
215 *Livie.* M. B. Justitia (4). MB. *B.* 8 »
216 — — Salus augusta (5). MB., belle patine. *B.* 15 »
217 *Agrippa* (3). MB. *AB.* 2 »
218 — Même pièce contrem. *B.* 3 »
219 *Caius et Lucius*, au revers d'Auguste. *Tarraco* (2). MB. *FR.* 2 »
220 *Tibère.* Caducée ailé (21). MB. *AB.* 3 »
221 — Livie assise, à dr. (16). Æ. *B.* 2 50
222 — — Atelier de Lyon (37). MB. *FR.* 2 »
223 — — — (38). PB. *FR.* 1 »
224 — *Antioche* (198). PB. *AB.* 3 »
225 — *Emerita* (81). MB. *AB.* 2 »
226 — *Calaguris* (116). MB. *FR.* 1 »
227 — *Segobriga* (163). MB. *B.* 5 »
228 *Drusus.* Tête des deux enfants de Drusus sur deux cornes d'abondance; au milieu, un caducée ailé (1). GB. *B.* 60 »

229 — S. C. (2). MB., patine verte. *AB.* 4 »
230 *Néron Drusus.* Claude assis, à g., sur une chaise curule, etc. (8). GB. *B.* 18 »
231 — La même pièce contrem. de NCAPR. GB., usé. 3 »
232 *Antonia* L'impératrice deb. à g. (6). MB., patine verte, foncée. *B.* 4 »
233 — La même pièce contrem. de NCAPR. MB., usé. 3 »
234 *Germanicus* (4). MB. *AB.* 3 »
235 — Quadrige et l'empereur deb. (7). MB., usé. 1 »
236 *Agrippine mère* (1). GB., pat. verte, foncée. *AB.* 10 »
237 — *et Caligula* (2). Æ. *FR.* 12 »
238 *Néron et Drusus* (1). MB., usé. 2 »
239 — au revers de Tibère. *Carthago nova* (4). MB., usé. *B.* 5 »
240 *Caligula* Allocution (1 var.). GB. *B.* 25 »
241 — (9). GB., bord martelé, usé. 4 »
242 — Vesta assise, à g. (27). MB. *FR.* 1 »
243 *Claude.* Cérès assise, à g. (1). MB. *TB.* 15 »
244 — Pallas deb., à g. (14). MB. *AB.* 4 »
245 — Couronne (39). GB. *AB.* 5 »
246 — Camp prétorien (42). Æ. *AB.* 20 »
247 — La Liberté deb., à dr. (47). MB. *AB.* 2 »
248 — La Paix march. à dr. (58). Æ. *FR.* 4 »
249 — *Alexandrie.* ℞. Messaline deb., à g. Pot. *AB.* 5 »
250 *Agrippine et Néron.* Quadrige d'éléphants, à g. (4). Æ., fourré. *B.* 30 »
251 *Néron.* Auguste et Livie deb. (43). Æ. *AB.* 7 »
252 — Tête laurée, à dr. ℞. Table des jeux (48 var.). PB. *AB.* 2 »
253 *Néron.* Édifice (127). MB. *AB.* 5 »
254 — Victoire s'élevant en l'air (303). MB. *B.* 2 »
255 — Arc de triomphe (307). GB. *FR.* 5 »
256 — La Santé assise, à g. (314). Æ. *B.* 3 »
257 — *Alexandrie.* Buste de femme voilée, à dr. (Mionn., VI, 72. 237). Pot. *B.* 3 »
258 — *Alexandrie.* Buste de Diane, à dr. Pot. *B.* 3 »
259 *Poppée et Néron. Alexandrie* (3). Pot. *B.* 12 »

260 *Octavie et Néron*. *Achaie* (2). MB. *AB*. 5 »
261 *Clodius Macer*. Galère. Coin de Becker (13). AR. *B*. 10 »
262 *Galba*. Livie deb., à g. (45). AR., troué. *AB*. 5 »
263 — — (55). AR. *B*. 12 »
264 — La Liberté deb., à g. (108). GB. *FR*. 1 50
265 — Rome assise, à g. (170). GB. *FR*. 3 50
266 *Othon*. La Sécurité deb., à g. (17). *AB*. 7 »
267 *Vitellius*. Deux mains jointes (36). AR. *B*. 25 »
268 — Vesta assise, à dr. (72). AR. *AB*. 2 »
269 — Trépied, etc. (111). AR. *FR*. 1 50
270 — Victoire assise, à g. (119). AR. *TB*. 16 »
271 *Vespasien*. ℞. COS ITER TR POT. Femme assise, à g., tenant un rameau et un caducée. AR. *B*. 8 »
272 — La Judée assise, au pied d'un trophée (226). AR. *AB*. 4 »
273 — Femme assise, à g., tenant un rameau (366). AR. *AB*. 2 »
274 — Rome assise, à g. (411). MB. *AB*. 1 50
275 — Bouclier soutenu par deux capricornes (497). AR. *TB*. 12 »
276 — Victoire deb., à dr. (618). AR. *AB*. 5 »
277 — Restit. de Gallien (652). Bil. *TB*. 7 »
278 *Domitille jeune*. Char, à dr. (1). GB. *FR*. 5 »
279 *Titus*. Truie, à g. (104). AR. *B*. 2 50
280 — La Judée assise, à dr. (117). MB. *FR*. 1 »
281 — La Paix deb., à g. (129). MB. *FR*. 1 »
282 — Rome assise, à g. (191). MB. *AB*. 3 »
283 — Quadrige, à g. (278). AR. *AB*. 5 »
284 — Chaise curule (318). AR. *B*. 2 »
285 — Trépied (321). AR. *TB*. 4 »
286 — Restit. de Gallien (405). Bil. *B*. 6 »
287 *Julie*. Carpentum attelé de deux mules (9). GB. *FR*. 3 »
288 — Vénus deb., appuyée sur une colonne (14). AR. *AB*. 20 »
289 *Domitien*. La louve, à g. (51). AR. *AB*. 1 50
290 — Temple (80). GB. *AB*. 20 »

291	— Pallas deb. (233). Æ.	*B.*	2	50
292	— — combattant (265). Æ.	*B.*	2	»
293	— La Monnaie deb., à g. (329 var). MB.	*FR.*	2	»
294	— Trône surmonté d'un casque (399 var.). Æ.	*TB.*	8	»
295	— Autel (415). MB., patine verte.	*AB.*	4	»
296	— L'Espérance march. à g. (451). MB.	*AB.*	3	»
297	— La Fortune deb., à g. (610). Æ.	*TB.*	8	»
298	— Victoire march. à dr. (621). Æ. Q.	*FR.*	3	»
299	*Domitia.* Paon, à dr. (2). Æ., légèr. échancré.	*AB.*	40	»
300	*Nerva.* Deux mains jointes (16). Æ.	*AB.*	2	»
301	— Instruments de sacrifice (48). Æ.	*AB.*	2	»
302	— La Fortune deb., à g. (62). MB.	*FR.*	1	»
303	— La Liberté deb., à g. (113). Æ.	*AB.*	2	50
304	— La Santé assise, à g. (134). Æ.	*B.*	2	50
305	— *Trajan.* Victoire deb., à g. (74). Æ.	*B.*	2	»
306	— — march. à g. (77). Æ.	*AB.*	1	50
307	— L'Arabie deb., à g. (89). Æ.	*FR.*	1	»
308	— Dace assis, à g. (120). Æ.	*B.*	2	50
309	— — deb., à g. (121). Æ.	*AB.*	2	»
310	— Trajan père assis, à g. (140). Æ.	*B.*	20	»
311	— La Fortune assise, à g. (301). Æ., fourré.	*AB.*	1	»
312	— Trajan présente un roi à la Parthie (328). GB., usé.		2	»
313	— Victoire deb., à dr. (455). MB.	*AB.*	2	»
314	— La Fortune deb., à g. (477). GB.	*B.*	5	»
315	— Dace assis, à dr. (529). Æ.	*FR.*	1	»
316	— La Paix assise, à g. (624). GB.	*B.*	8	»
317	— Femme couchée, à g. (648). Æ.	*AB.*	4	»
318	— Restit. de Gallien (664). Bil.	*B.*	5	»
319	— *Cæsarea* (Cappadocie). Tête de Jupiter Ammon, à dr. Æ. Q.	*B.*	12	»
320	*Adrien.* La Concorde assise, à g. (260). MB.	*AB.*	2	»
321	— Neptune deb., à g. (309). Æ.	*AB.*	1	50
322	— L'Équité deb., à g. (385). GB.	*FR.*	1	50
323	— Griffon courant à dr. (433). MB.	*AB.*	3	»
324	— Vaisseau (449). MB.	*FR.*	2	»
325	— La Fortune assise, à g. (725 et 756). GB.	*FR.* à	2	»

326	— La Fortune deb., à g. (770). GB.	*AB.*	3	»
327	— L'Allégresse deb., à g. (817). Æ.	*FR.*	3	»
328	— La Liberté deb., à g. (907). Æ.	*AB.*	3	»
329	— Adrien assis sur une estrade, etc. (913). Æ.	*FR.*	5	»
330	— La Piété deb., à g. (1035). GB.	*AB.*	2	50
331	*Adrien.* La Justice deb., à g. (1123). Æ.	*B.*	3	»
332	— Adrien deb., relevant l'Espagne (1260). Æ.	*AB.*	4	»
333	— Romulus march. à dr. (1317). Æ.	*AB.*	3	»
334	— Chien, à dr. (1393). PBQ.	*AB.*	5	»
335	— Restit. de Gallien (1510). Bil.	*B.*	50	»
336	— *Sabine.* La Pudeur deb., à g. (62). Æ.	*AB.*	5	»
337	— Vesta assise, à g. (82). GB.	*AB.*	5	»
338	*Aelius.* La Santé deb., à g. (54). Æ.	*B.*	15	»
339	*Antonin le Pieux.* Apollon deb., de face (59). Æ.	*AB.*	5	»
340	— Génie nu deb., de face (218). Æ.	*B.*	3	»
341	— L'Abondance deb., à g. (284). Æ.	*AB.*	1	50
342	— Trône surmonté d'un foudre (345). Æ.	*AB.*	1	50
343	— Le Génie du Sénat deb., à g. (398). Æ.	*B.*	6	»
344	— L'Italie assise, à g. (472). GB., usé.		2	»
345	— Rome assise, à g. (690). GB.	*AB.*	10	»
346	— Légende dans une couronne (791). MB.	*FR.*	1	»
347	— Temple (801 var.). Æ.	*AB.*	12	»
348	— L'empereur sacrifiant, à g. (1122). MB.	*B.*	3	»
349	— Restit. de Gallien (1189). Bil.	*B.*	4	»
350	*Antonin et Marc-Aurèle* (14). Æ.	*AB.*	5	»
351	*Faustine mère.* Temple (1). Æ.	*B.*	10	»
352	— L'Éternité deb., à g. (26). Æ.	*B.*	13	»
353	— — relevant son voile (32). Æ.	*B.*	3	»
354	— Trône (61). Æ.	*AB.*	5	»
355	— Cérès deb., à g. (79). GB.	*AB.*	5	»
356	— — (89). MB.	*FR.*	1	»
357	— — levant la main dr. et tenant un flambeau (101). Æ.	*AB.*	10	»

358 — Paon march. à dr. (175). Æ. *AB.* 1 »
359 — Mausolée à trois étages (186). GB., martelé. *FR.* 5 »
360 — La Piété deb., à g. (234). Æ. *AB.* 1 »
361 — — (241). MB., patine verte. *AB.* 3 »
362 *Marc-Aurèle.* Aigle sur un autel (85). GB. *AB.* 3 »
363 — Bûcher (98). GB. *AB.* 10 » *FR.* 3 »
364 — L'empereur deb., à g. (100 et 305). Æ. *AB.* à 1 »
365 — Victoire deb., à dr. (273). MB. *AB.* 2 50
366 — Foudre ailé (379). MB. *B.* 8 »
367 — Couronne (497). GB. *FR.* 2 »
368 — La Santé deb., à g. (546). Æ. *AB.* 2 »
369 — Mars march., à dr. (757). GB. *AB.* 4 »
370 — L'empereur dans un quadrige, à g. (788). GB. patine verte. *AB.* 15 »
371 *Faustine jeune.* Vénus deb., à g. (16). GB., patine verte. *AB.* 18 »
372 — La Concorde deb., à g. (23). MB. *AB.* 2 »
373 — Faustine enlevée par un aigle (68 var.). GB. *FR.* 4 »
374 — Paon, à dr. (71). Æ. *B.* 2 50
375 — Junon deb., à g. (139). Æ. *AB.* 1 »
376 — La même pièce, mais Faustine ne porte qu'un bandeau de perles. Æ. *B.* 5 »
377 Trône (191). Æ. *B.* 3 »
378 — Vénus deb., à g. (261). Æ. *AB.* 4 »
379 *Lucius Vérus.* L'Arménie assise, à g. (13). MB. *FR.* 2 »
380 — Aigle (55). Æ. *AB.* 8 »
381 — La Providence deb., à g. (155). Æ. *B.* 2 50
382 — Victoire deb., de face (206). GB. *FR.* 2 »
383 — L'Arménie assise, à g. (220). Æ. *AB.* 3 »
384 — Vérus galopant à dr. (257). MB. *AB.* 3 »
385 *Lucille.* La Concorde assise, à g. (6). Æ. *AB.* 1 »
386 — Diane deb., à dr. (16). Æ. *AB.* 1 50
387 — La Piété deb., à g. (55). Æ. *AB.* 2 »
388 — Vesta deb., à g. (92). Æ. *AB.* 1 50
389 *Commode.* Apollon avec la lyre (24). Æ. *AB.* 5 »
390 — La Félicité deb., à g. (115 var.). Æ. *AB.* 6 »

*

391 — Massue (190). Æ. *B.* 7 »
392 — Jupiter assis, à g. (247). GB. *FR.* 3 »
393 — — deb., à g. (387). Æ. *AB.* 10 »
394 — La Paix — (571). Æ. *AB.* 2 »
395 — L'Équité — (812). Æ. *AB.* 3 »
396 — L'empereur sacrifiant, etc. (985). GB. *AB.* 30 »
397 *Crispine.* Cérès deb., à g. (1). Æ. *AB.* 2 »
398 — Vénus deb., à g. (35). Æ. *B.* 4 »
399 — — assise, à g. (39). Coin de Becker. Æ. *TB.* 10 »
400 *Pertinax.* L'Assistance divine assise, à g., tenant deux épis (33). Æ. *B.* 70 »
401 *Dide Julien.* La Fortune deb., à g. (12). GB. *FR.* 10 »
402 *Manlia Scantilla.* Junon deb., à g. (6). GB., patine verte, piqué. 45 »
403 *Didia Clara.* L'Allégresse deb., à g. (4). GB. Usé. 5 »
404 *Albin.* La Félicité deb., à g. (18). GB. *AB.* 25 »
405 — Deux mains jointes tenant une aigle (24). Æ. *TB.* 30 »
406 — Minerve deb., à g. (48). Æ. *FR.* 8 »
407 *Septime Sévère.* Apollon deb., à g. (42). Æ. MB. *FR.* 5 »
408 — Mars deb., à dr. Padouan. Br. M., usé et troué. 5 »
409 — La Fortune coiffée du modius, à g. (169 var.). Æ. *AB.* 5 »
410 — La déesse de Carthage, sur un lion (222). Æ. *B.* 2 »
411 — Génie nu, deb., à g. (475). Æ. *TB.* 2 50
412 — L'empereur à cheval, à g. (478). Æ. *FDC.* 10 »
413 — Neptune deb., à g. (542). Æ. *AB.* 2 »
414 — La Providence deb., à g. (592). Æ. *B.* 3 »
415 — L'empereur sacrifiant, à g. (599). Æ. *TB.* 3 »
416 — Restit. de Gallien (799). Bil. *TB.* 6 »
417 *Julie Domne.* Junon deb., à g. (82). Æ. *AB.* 1 50
418 — — (88). GB. *FR.* 3 »
419 — Isis deb., à dr., etc. (174). Æ. *TB.* 4 »
420 — Vénus assise, à g. (205 var.). Æ. *B.* 2 »
421 *Caracalla.* La déesse de Carthage sur un lion (99). MB. *AR.* 2 »

422 — Julie voilée assise, à g. (104). Æ. B. 7 »
423 — Jupiter deb., à g. (239). Æ. B. 1 »
424 — Pallas deb., à g. (562). Æ. AB. 6 »
425 — Vénus deb., à g. (608). Æ. B. 3 50
426 *Plautille.* Caracalla donnant la main à Plautille (10). Æ. B. 4 »
427 — Plautille deb., à dr. (16). Æ. TB. 7 »
428 *Géta.* Caracalla et Géta, deb., etc. (25). GB. FR. 15 »
429 — Sévère entre Caracalla et Géta, etc. (147). GB. FR. 40 »
430 — L'empereur deb., à g.; derrière lui, un trophée (157). Æ. TB. 4 »
431 — La Sécurité assise, à g. (183). Æ. TB. 6 »
432 *Macrin.* L'Abondance deb., à g. (47). Æ. B. 7 »
433 — Jupiter — (142). Æ. B. 7 »
434 *Diaduménien.* L'empereur deb., de face (3). Æ. B. 15 »
435 *Elagabale.* La Fidélité assise, à g. (31). Æ. TB. 4 »
436 — La Libéralité deb., à g. (86). Æ. B. 3 »
437 — La Piété deb., à g. (124). Æ. B. 8 »
438 — L'empereur sacrifiant (246 et 276). Æ. B. à 4 »
439 — Victoire courant à dr. (294). Æ. B. 3 »
440 — *Hieropolis.* MB. AR. 1 50
441 *Julia Paula.* La Concorde assise, à g. (6). Æ. B. 5 »
442 *Aquilia Severa.* La Concorde deb., à g. (2). Æ. B. 20 »
443 *Julie Soémias.* Vénus deb., à g. (8). Æ. TB. 2 50
444 *Julia Maesa.* La Fécondité deb., à g. (8). Æ. B. 2 »
445 — La Piété deb., à g. (31). GB. AR. 2 »
446 — La Pudeur assise, à g. (36). Æ. AB. 1 »
447 *Alexandre Sévère.* La Justice assise, à g. (106). GB. B. 10 »
448 — Mars march., à dr. (161). Æ. TB. 4 »
449 — L'Espérance march., à g. (543). Æ. B. 1 50
450 — Victoire deb., à dr. (567). GB., patine verte. AB. 5 »
451 — Restit. de Gallien (957). Bil. B. 5 »
452 *Orbiane.* La Concorde assise, à g. (1). Æ. B. 20 »
453 *Julie Mamée.* La Félicité assise, à g. (24). Æ. B. 1 50

454 *Maximin I.* La Fidélité deb., à g. (7). Æ. *TB.* 1 50
455 — L'empereur deb., à g. (56). Æ. *B.* 2 »
456 *Pauline.* Paon enlevant l'impératrice (3). GB. *FR.* 5 »
457 *Maxime.* Instruments de sacrifice (1). Æ. *TB.* 15 »
458 *Gordien d'Afrique père.* Rome assise, à g. (9). GB.,
patine foncée. *AB.* 60 »
459 — La Sécurité assise, à g. (11). *AB.* 40 »
460 *Balbin.* Deux mains jointes (3). Æ. *TB.* 15 »
461 *Pupien.* — (2). Æ. *TB.* 18 »
462 *Gordien le Pieux.* L'Équité deb., à g. (17). Æ. *TB.* 1 »
463 — Le Soleil deb., à g. (41). Æ. *TB.* 1 »
464 — La Concorde assise, à g. (50). Æ. *TB.* 1 50
465 — La Félicité deb., à g. (71). Æ. *B.* 1 »
466 — La Fortune assise, à g. (97). Æ. *TB.* 1 »
467 — Variété de la pièce précédente. Æ. *B.* 2 50
468 — Jupiter deb., à g. (105). Æ. *TB.* 4 »
469 — — deb., de face (109). Æ. *B.* 2 50
470 — La Joie deb., à g. (121). Æ. *TB.* 3 50
471 — La Libéralité deb., à g. (142). Æ. *B.* 1 »
472 — Mars march. (156 et 162). Æ. *B.* à 1 50
473 — La Valeur deb., à g. (194). Æ. *B.* 1 »
474 — La Paix deb., à g. (203). Æ. *B.* 1 »
475 — L'empereur sacrifiant, à g. (210). Æ. *B.* 2 »
476 — — à cheval, à g. (234). Æ. *TB.* 5 »
477 — Apollon assis, à g. (250). Æ. *TB.* 2 »
478 — L'empereur deb., à dr. (253). Æ. *TB.* 2 »
479 — La Providence deb., à g. (302). Æ. *TB.* 2 »
480 — Rome assise, à g. (314). Æ. *B.* 1 »
481 — L'empereur deb., à dr. (319). Æ. *B.* 1 »
482 — La Sécurité deb., à g. (327). Æ. *TB.* 2 »
483 — Victoire deb., à g. (348). Æ. *TB.* 2 »
484 — — march., à g. (357). Æ. *B.* 1 50
485 — La Valeur deb., à g. (381 et 388). Æ. *TB.* à 2 »
486 — Hercule deb., à dr. (404). Æ. *B.* 3 »
487 *Gordien le Pieux et Tranquilline. Singara.* GB. *AB.* 16 »
488 *Philippe père.* L'empereur à cheval, à g. (3). Æ. *B.* 3 »
489 — L'Équité deb., à g. (9). Æ. *TB.* 2 »

490 — Éléphant march., à g. (17). Æ. B. 3 »
491 — L'Abondance deb., à g. (25). Æ. TB. 2 »
492 — — (26). GB. AB. 3 »
493 — La Félicité deb., à g. (43). Æ. B. 1 50
494 — Quatre enseignes militaires (50). Æ. TB. 3 »
495 — La Fidélité deb., à g. (55). Æ. TB. 2 »
496 — La Fortune assise, à g. (65). Æ. TB. 1 50
497 — La Joie deb., à g. (80). Æ. B. 1 »
498 — La Libéralité deb., à g. (87). Æ. TB. 1 50
499 — La Paix march., à g. (102). Æ. B. 1 50
500 — L'empereur assis, à g. (120). Æ. B. 2 »
501 — La Paix deb., à g. (136). Æ. TB. 2 »
502 — Rome assise, à g. (165). Æ. TB. 2 »
503 — Lion march., à dr. (173). Æ. TB. 3 »
504 — La Louve avec Romulus et Rémus (178). Æ. B. 3 »
505 — Cerf march., à dr. (182). Æ. TB. 3 »
506 — Cippe (193). Æ. B. 2 »
507 — Temple (198). Æ. TB. 5 »
508 — La Santé deb., à dr. (209). Æ. B. 2 »
509 — La Sécurité assise, à g. (215). Æ. B. 1 50
510 — Victoire march. (227 et 231). Æ. B. à 1 50
511 — La Valeur deb., à d.. (244). Æ. TB. 5 »
512 *Octacilie*. La Concorde assise, à g. (10). GB. B., revers FR. 5 »
513 — Junon deb., à g. (20). Æ. 2 var. B. à 4 »
514 — La Piété deb., à g. (37 et 43). Æ. TB. à 2 »
515 — La Pudeur assise, à g. (53). Æ. B. 3 »
516 — Hippopotame, à dr. (63 et 64). Æ. B. à 3 »
517 *Philippe fils*. Le Soleil march., à g. (6). Æ. 2 var. B. à 2 »
518 — Jupiter deb., à g. (13). Æ. TB. 5 »
519 — Les deux empereurs assis, à g. (16). GB., patine noire, un peu rogné. 5 »
520 — Les deux empereurs assis, à g. (17). Æ. B. 5 »
521 — La Paix deb., à g. (23). Æ. TB. 1 50
522 — Instruments de sacrifice (32). Æ. B. 3 »

**

523 — L'empereur deb., à g. (48). Æ. *TB.* 3 »
524 — Chèvre march., à g. (72). Æ. *B.* 3 »
525 — Mars march., à dr. (88). Æ. *B* 5 »
526 *Trajan Dèce*. L'Abondance deb., à dr. (2). Æ. *B.* 1 »
527 — L'empereur à cheval, à g. (4). Æ. *TB.* 5 »
528 — La Dacie deb., à g. (16). Æ. *TB.* 4 »
529 — — (18). GB., un peu rogné. *B.* 6 »
530 — Génie deb., à g. (46 et 49). Æ. *B.* à 1 50
531 — — (47). GB., patine brune, un peu rogné. 8 »
532 — Les deux Pannonies (82 et 86). Æ. *B.* à 4 »
533 — La Paix deb., à g. (91). Æ. *B.* 1 »
534 — La Fertilité deb., à g. (105). Æ. *B.* 2 50
535 — La Valeur assise, à g. (123). Æ. *B.* 1 »
536 *Etruscille*. La Fécondité deb., à g. (8). Æ. *B.* 1 »
537 — La Pudeur (17 et 19). Æ. *B.* à 1 »
538 *Herennius*. Deux mains jointes (4). Æ. *B.* 3 »
539 — Instruments de sacrifice (14). Æ. *B.* 5 »
540 — L'empereur deb., à g. (26). Æ. *B.* 1 50
541 *Hostilien*. Mars march., à dr. (15). Æ. *TB.* 5 »
542 — L'empereur deb., à g. (34). Æ. *B.* 5 »
543 *Trébonien Galle*. L'Équité deb., à g. (6). Æ. *B.* 1 »
544 — L'Éternité deb., à g. (13). Æ. *TB.* 6 »
545 — L'Abondance deb., à dr. (17). Æ. *B.* 2 »
546 — Apollon deb., à g. (20). Æ. *B.* 4 »
547 — La Félicité deb. à g. (37 et 41). Æ. *TB.* à 2 »
548 — Junon assise, à g. (46 et 47). Æ. *B.* à 1 »
549 — Buste radié. ℞. Temple rond; au milieu, la statue de Junon assise; de face, à ses pieds, un paon (49 var.). Æ. *B.* 26 »
550 – La Liberté deb., à g. (63). Æ. *B.* 1 50
551 — La Paix deb., à g. (76). Æ. *B.* 1 »
552 — La Piété deb., à g. (84). Æ. *B.* 1 »
553 — La Santé deb., à g. (117). Æ. *B.* 1 50
554 — La Victoire deb., à g. (128). Æ. *B.* 1 »
555 *Volusien*. L'Équité deb., à g. (8). Æ. *B.* 1 »
556 — La Concorde, à g (20 et 25). Æ. *B.* à 1 50

557 — La Félicité deb., à g. (32). Æ. *TB.* 3 50
558 — Junon dans un temple (43). Æ. *B.* 5 »
559 — La Paix deb., à g. (71). Æ. *B.* 1 »
560 — L'empereur sacrifiant, à g. (94). Æ. *B.* 3 »
561 — — deb., à g. (101). Æ. *B.* 1 50
562 — La Santé deb., à dr. (118). Æ. *TB.* 2 »
563 — La Valeur deb. (133 et 135). Æ. *B.* à 1 50
564 *Emilien.* Hercule deb., à dr. (13). Æ. *TB.* 15 »
565 *Valérien père.* Apollon deb. (17 et 25). Bil. *B.* à 2 »
566 — La Concorde deb., à g. (36). Bil. *B.* 1 »
567 — La Félicité deb., à g. (53). Bil. *B.* 1 »
568 — La Foi deb., à g. (65). Bil. *B.* 1 50
569 — Jupiter deb. sur un cippe (77). Bil. *B.* 8 »
570 — — deb., à g. (83). Bil. *B.* 1 »
571 — La Joie deb., à g. (101). Bil. *B.* 1 »
572 — La Libéralité assise, à g. (113). Bil. *B.* 2 »
573 — La Paix deb., à g. (147). Bil. *B.* 1 »
574 — L'empereur relevant une femme (183). Bil. *B.* 5 »
575 — La Santé deb. (197 et 201). Bil. *B.* à 1 »
576 — L'Espérance march., à g. (208). Bil. *B.* 1 »
577 — La Victoire deb., à g. (224, 230 et 245). Bil. *B.* à 1 »
578 — — (255). Bil. *B.* 5 »
579 — La Valeur deb., à g. (272). Bil. *B.* 1 »
580 — Deux Victoires attachant un bouclier à un palmier (279). Bil. *B.* 6 »
581 *Mariniane.* Paon, de face (3). Bil. *TB.* 10 »
582 — — (7). GB., rogné et *FR.* 5 »
583 — Paon enlevant Mariniane au ciel (16). Bil. *TB.* 12 »
584 *Gallien.* Saturne deb., à dr. (53). Bil. *AB.* 8 »
585 — Centaure, à dr. (72). Bil. *B.* 1 »
586 — Griffon march., à g. (76). Bil. *AB.* 1 »
587 — La Concorde deb., à g. (131). Bil. *B.* 1 »
588 — Mars dans un temple (149). Bil. *AB.* 1 50
589 — Diane march., à dr. (170). Bil. *B.* 5 »
590 — Aigle (252). Bil. *TB.* 2 50
591 — Trophée (308). Bil. 2 var. *B.* à 3 »
592 — Jupiter deb., à g. (339). Bil. *AB.* 20 »

593 — Chèvre, à dr. (344). Bil. B. 1 »
594 — Jupiter deb., de face (394). Bil. TB. 2 »
595 — — sur un cippe (399). Bil. B. 3 »
596 — La Joie deb., à g. (435). Bil. B. 5 »
597 — Taureau march., à dr. (512). Bil. AB. 6 »
598 — La Libéralité deb., à g. (571). Bil. B. 2 »
599 — Panthère march., à g. (586). Bil. B. 2 50
600 — Le Soleil march., à g. (806). Bil. B. 1 »
601 — Gallien relevant la Gaule (909). Bil. B. 3 »
602 — Victoire courant, à g., posant le pied sur un Germain (1060). Bil. B. 3 »
603 — Victoire sur un globe ; de chaque côté, un Germain (1065). Bil. B. 6 »
604 — Victoire deb., à g. (1143). Bil. B. 1 50
605 — L'empereur foulant aux pieds un ennemi (1206). Bil. B. 3 »
606 — Mars (?) march., à dr. (1272). Bil. B. 1 »
607 — L'empereur deb., à dr. (1309). Bil. TB. 2 50
608 — *Alexandrie.* Aigle. Pot. 4 var. TB. à 1 50
609 *Salonine.* L'impératrice assise, à g. (17). Bil. AB. 1 »
610 — Gallien et Salonine se donnant la main (31). Bil. B. 2 50
611 — Ségétia dans un temple (36). Bil. AB. 1 50
612 — La Félicité assise, à g. (50). Bil. TB. 1 50
613 — Junon assise, à g. (55). 2 var. Bil. B à 1 »
614 — Junon deb., à g. (60 et 68). Bil. B. à 1 »
615 — La Piété deb., à g. (77 et 78). Bil. B. à 1 »
616 — La Piété assise, à g. (84). Bil. B. 4 »
617 — Vénus assise, à g. (115). Bil. TB. 2 »
618 — Vénus deb., à g. (130). Bil. B. 1 50
619 — Vesta assise, à g. (142). Bil. B. 1 50
620 — *Alexandrie.* Aigle. Pot. B. 2 »
621 — — L'Espérance march., à g. Pot. B. 2 »
622 *Salonin.* Aigle deb., à g., sur un globe (4). Bil. AB. 1 50
623 — Aigle enlevant Salonin au ciel (5). Bil. B. 3 »
624 — Jupiter enfant assis sur la chèvre Amalthée (26 et 29). Bil. TB. à 3 »

925 — Instruments de sacrifice (41 et 50). Bil. *B.* à 2 »
626 — Salonin couronnant un trophée (67). Bil. *AB.* 2 »
627 *Valérien jeune.* Vulcain dans un temple (2). Bil. *B.* 3 »
628 — Le Soleil, à g. (5 et 6). Bil. *B.* à 3 »
629 *Macrien jeune.* L'Indulgence assise, à g. (6). *B.* 35 »
630 *Quiétus.* Rome assise, à g. (11). Bil. *AB.* 25 »
631 *Postume.* La Foi deb., à g. (74). GB. *AB.* 3 »
632 — Hercule deb., à dr. (91). Bil. *B.* 1 »
633 — Buste de l'empereur (142). Bil. *AB.* 18 »
634 — Vaisseau (167). Bil. *B.* 2 »
635 — Minerve courant, à g. (195). Bil. *B.* 2 »
636 — La Monnaie deb., à g. (199). Bil. *B.* 3 »
637 — Buste du Soleil, à dr. (214). Bil. *AB.* 4 »
638 — La Paix march., à g. (220). Bil. *B.* 1 »
639 — La Piété deb., à g. (230). Bil. *AB.* 2 »
640 — Mars march., à dr. (273). Bil. *B.* 4 »
641 — Postume deb., à dr. (331). Bil. *B.* 1 »
642 — Esculape deb., à dr. (348 var.). Bil. *TB.* 2 »
643 — Le Rhin couché, à g. (355). Bil. *AB.* 4 »
644 *Lélien.* Victoire courant, à dr. (4). Bil. Patine verte. *AB.* 12 »
645 *Victorin père.* Victoire march., à g. (126). Bil. *B.* 2 »
646 *Marius.* Deux mains jointes (4). PB. *B.* 12 »
647 *Tétricus père.* La Valeur deb., à g. (207). PB. 2 var. *B.* à 1 »
648 *Tétricus fils.* L'Espérance march., à g. (88 et 95). PB. *B.* à 2 »
649 *Claude II.* L'empereur à cheval, à g. (3). PB. *AB.* 2 »
650 — Autel allumé (53). PB. *B.* 8 »
651 — La Paix deb., à g. (197). PB. *AB.* 1 »
652 — Claude assis, à g. (242). PB. Q. *AB.* 4 »
653 *Quintille.* La Foi deb., à g. (25 et 28). PB. *AB.* à 1 »
654 *Aurélien.* La Concorde deb., à g. (22). PB. *AB.* 1 »
655 — Aurélien et Sévérine se donnant la main (60 et 61). PB. *B.* à 1 »
656 — Le Soleil march., à g. (161). PB. *TB.* 1 »
657 — Victoire march., à g. (255). PB. *B.* 4 »

658 — *Alexandrie.* Aigle. Pot. *AB.* 2 »
659 *Sévérine.* La Concorde deb., à g. (7). PB. *TB.* 3 »
660 — Vénus deb., à g. (14). PB. *TB.* 5 »
661 *Vabalathe et Aurélien.* (1). PB. *FR.* 6 »
662 — *Alexandrie.* Pot. *AB.* 5 »
663 *Tacite.* La Félicité deb., à g. (38 et 144). PB. *B.* à 1 »
664 — La Joie deb., à g. (52). PB. *B.* 1 »
665 — La Paix deb., à g. (81). PB. *TB.* 4 »
666 — L'Espérance march., à g. (135). PB. *B.* 1 »
667 *Florien.* L'empereur march., à dr. (107 var.). PB. *B.* 5 »
668 *Probus.* Minerve deb., à g. (102). PB. *B.* 1 »
669 — — (106). PB. 2 var. *B.* à 2 »
670 — La Concorde deb., à g. (125). PB. *B.* 2 »
671 — Jupiter deb., à g. (305). PB. *B.* 2 »
672 — Mars march., à dr. (343). PB. *B.* 3 »
673 — — à g. (352). PB. *B.* 1 »
674 — La Paix deb., à g. (407). PB. *B.* 1 »
675 — La Piété deb., à g. (435). PB. *TB.* 1 »
676 — La Providence deb., à g. (478 et 486). *B.* à 1 »
677 — Temple (528, 530 et 532). PB. *TB.* à 1 »
678 — La Santé debout, à dr. (577). PB. *B.* 1 »
679 — La Sécurité deb., à g. (617). PB. *B.* 2 »
680 — Quadrige (642, 662 et 682). PB. *B.* à 1 »
681 — — à g. (694). PB. *B.* 5 »
682 — Trophée (773). PB. *B.* 2 »
683 — Mars march., à dr. (811). PB. *TB.* 10 »
684 — L'empereur galop., à g. (930). PB. *B.* 1 »
685 — *Alexandrie.* Aigle. Pot. 2 var. *TB.* à 2 »
686 — — La Fortune. Pot. *AB.* 1 »
687 *Carus.* Aigle (18). PB. *B.* 1 »
688 — Mars deb., à dr. (106). PB. *B.* 1 »
689 *Numérien.* Aigle (10). PB. *B.* 1 »
690 — Mars march., à dr. (24). PB. *B.* 1 »
691 *Carin.* Victoire march., à g. (151). PB. *B.* 1 »
692 — *Alexandrie.* Aigle entre deux enseignes militaires. Pot. *B.* 3 »

193	*Magnia Urbica.* Vénus deb., à g. (11). PB.	*B.*	25 »
694	*Dioclétien.* L'Abondance deb., à dr. (4). PB.	*B.*	2 »
695	— Pallas deb., à g. (21). PB.	*B.*	2 »
696	— Jupiter nu deb., à g. (296). PB.	*TB.*	3 »
697	— Le Soleil deb., à g. (353). PB.	*B.*	5 »
698	— La Paix march., à g. (356). PB.	*B.*	10 »
699	— Lion march., à g. (383). PB.	*AB.*	12 »
700	— La Providence deb., en face d'une femme (422). MB.	*B.*	2 »
701	— La Sécurité deb., à g. (450 var.). PB.	*B.*	6 »
702	— — deb., à dr. (455). PB.	*B.*	2 »
703	— *Alexandrie.* La Fortune. Pot.	*B.*	1 »
704	— — L'Espérance march., à g. Pot.	*B.*	1 »
705	— — Aigle. Pot.	*B.*	1 »
706	— — La Victoire march., à g. Pot.	*B.*	2 »
707	— — — à dr. Pot.	*AB.*	1 »
708	*Maximien Hercule.* L'Abondance deb., à dr. (1). PB.	*TB.*	2 »
709	— Pallas deb., à g. (34). PB.	*B.*	2 »
710	— Hercule (269, 282, 565 et 575). PB.	*B.*	à 1 »
711	— Jupiter nu deb., à g. (362). PB.	*TB.*	1 »
712	— Lion march., à dr. (400). PBQ.	*B.*	2 »
713	— La Paix deb., à g. (442). PB.	*B.*	1 »
714	— La Providence et une femme debout (493). MB.	*B.*	1 »
715	— Hercule étouffant un lion (647). PB.	*B.*	2 »
716	— Légende dans une couronne (678). PB.	*B.*	20 »
717	*Carausius.* La Félicité deb., à g. (12). PB.	*FR.*	10 »
718	— Femme levant la main dr. et tenant un sceptre. PB.	*FR.*	7 »
719	*Allectus.* La Foi deb., à g. (8). PB.	*AB.*	8 »
720	*Constance I Chlore.* Pallas deb., à g. (12). PB.	*B.*	10 »
721	— Aigle (186 et 187). PBQ.	*B.*	à 2 »
722	— Le Soleil deb., à g. (210). PB.	*B.*	2 »
723	— Rome assise, à g. (254). PB.	*B.*	5 »
724	— Trophée (303). PB.	*B.*	1 »
725	*Hélène.* La Paix deb., à g. (4). PBQ.	*AB.*	2 »

726 *Galère-Maximien*. Deux Concordes se donnant la main (19). PB. *B.* 2 »
727 — La Joie deb., à g. (130). PB. *AB.* 3 »
728 — Le Soleil deb., à g. (155). PB. 2 var. *B.* à 2 »
729 — — march., à g. (159). PB. *B.* 3 »
730 — La Sécurité deb., à g. (194). PB. 2 var. *TB.* à 1 »
731 — Soldat deb., à g. (211). PB. *B.* 1 50
732 — *Alexandrie*. La Fortune, la Victoire, l'Espérance. Pot. 3 p. *AB.* à 1 »
733
734 *Valérie*. Vénus deb., à g. (2). MB. *B.* 6 »
735 *Maximin II Daza*. Génie deb., à g. (18). MB. *TB.* 4 »
736 — Mars march., à dr. (188). MB. *TB.* 2 »
737 *Romulus*. Temple (1). MB. *FR.* 12 »
738 — — (7). PB., légèrement échancré. *B.* 5 »
739 *Constantin I le Grand*. Couronne de laurier (88). PB. 2 var. *B.* à 2 »
740 — La Piété deb., à dr. (716). PBQ. *B.* 1 »
741 — Quadrige, à dr. (760). PBQ. *B.* 2 »
742 *Fauste*. L'impératrice deb., à g. (15). PB. *B.* 2 »
743 *Delmace* Deux soldats deb. (4). PB. 2 var. *B.* à 4 »
744 *Hannibalien*. L'Euphrate couché, à dr. (2). PB. *TB.* 50 »
745 *Constant I*. La Sécurité deb., de face (103). PBQ. *B.* 5 »
746 *Constance II*. Deux Victoires deb. *Trèves* (280). AV., fortement échancré. 10 »
747 — Couronne de laurier (355). PBQ. *B.* 2 »
748 *Vetranion*. L'empereur deb., à g. (1). MB. *AB.* 15 »
749 *Julien le Philosophe*. Couronne de laurier. *Lyon*. (163). Æ. *B.* 4 »
750 *Jovien*. Couronne de laurier. *Rome* (37). MB. *AB.* 15 »
751 *Valentinien I*. L'empereur deb. (18). Æ. *AB.* 5 »
752 *Valens*. Valens et Valentinien assis, de face. *Trèves* (53). AV. *TB.* 30 »
753 — Rome assise, à g. *Antioche* (109). Æ. *B.* 2 50
754 *Procope*. L'empereur deb., à g. (8). PB. *AB.* 20 »
755 *Gratien*. M. B. fr. sur une monnaie de Constantin le Grand. *Lyon* (29). MB. *B.* 5 »

756 *Valentinien II.* Couronne de laurier (68). PB., patine verte. *B.* 2 »

757 *Valentinien II, Théodose I et Arcadius, son fils aîné.* Bulle de plomb, probablement unique, reproduite et publiée par Mr. R. Géry dans la Rev. numism., t. III, 1858, p. 389. 800 »

758 *Théodose I.* L'empereur deb. sur un vaisseau (19 var.). MB. *B.* 5 »

759 — Victoire assise, à dr., sur une cuirasse, écrivant sur un bouclier. *Constantinople* (50). AV., triens. *TB.* 35 »

760 *Flacille.* Victoire assise à dr. (4). MB. *AB.* 4 »

761 — Flacille deb., de face (6). MB. *FR.* 1 »

762 *Maxime.* Porte de camp (7). PBQ. 2 var. *B.* à 1 »

763 — Rome assise, de face. *Trèves* (20). AR. *B.* 8 »

764 *Flavius Victor.* Porte de camp. *Lyon* (3). PBQ. *B.* 4 »

765 Rome assise, de face (6). AR. *AB.* 10 »

766 *Eugène.* Rome assise, à g. *Trèves* (14 var.). AR. *B.* 20 »

767 *Honorius.* — (36). AR. *B.* 12 »

768 *Constantin III.* — (7). AR. *B.* 20 »

769 *Jovin.* — (4). AR. *AB.* 15 »

770 *Jean.* Victoire march., à g. (1). PB. *AB.* 30 »

771 *Valentinien III.* L'empereur deb., de face (19). AV. *FDC.* 35 »

772 *Majorien.* Victoire march., à g. (4). PB. *AB.* 10 »

773 — Victoire deb., à g., tenant une grande croix (10). AR. Q. *AB.* 30 »

774 *Sévère III.* Victoire deb., à g. (5). AV., triens. *TB.* 14 »

775 *Anthême.* Croix dans une couronne (25 var.). AV., triens. *B.* 20 »

MONNAIES BYZANTINES[1]

776 *Arcadius.* L'Empereur à cheval (39). PB. *AB.* 4 »

777 — Victoire march., à g. PB. *AB.* 1 »

1. Sabatier, *Description générale des monnaies byzantines.* Paris, 1862.

778 — L'Empereur couronné p. la Victoire. PB. *AB.* 2 »
779 *Marcien.* Victoire deb., à g. (4). *AV.* *TB.* 30 »
780 *Léon I.* Victoire deb., à g. (9). *AV.*, triens. *B.* 12 »
781 *Zénon.* Victoire assise, de face (3). *AV.*, demi-sou. *AB.* 30 »
782 *Anastase.* Victoire march., à dr. *AV.*, triens barbare. *B.* 20 »
783 — Indice M. Br. 2 var. *AB.* à 2 »
784 — — K. — *B.* 2 »
785 *Justin I.* Victoire march., à g. (4). *AV.*, triens barbare. *B.* 25 »
786 — *I. B. Alexandrie.* Br. *B.* 3 »
787 — La ville d'Antioche assise, à g. Br. *AB.* 2 »
788 *Justinien I.* Victoire marchant, à dr. (6). *AV.*, triens barbare. *B.* 15 »
789 — Victoire march., à dr. (6). *AV.*, triens barbare. *B.* 25 »
790 — Légende dans une couronne (10). *AR.* *B.* 15 »
791 — Indice M (38, 44 et 46). Br. 2 var. B. à 3 »
792 — I surmonté d'une croix. — *B.* 2 »
793 *Maurice Tibère.* I surmonté d'une croix. (39). Br. *B.* 2 »
794 — Croix (50). Br. *B.* 2 »
795 *Focas.* (26). Br. *AB.* 1 »
796 *Heraclius.* Monnaie frappée sur une pièce de Justin I, en Sicile. Br. *AB.* 1 »
797 *Heraclius.* Monnaie frappée sur une pièce de Justin I, en Sicile. Br. *AB.* 6 »
798 *Heraclius et Heraclius Constantin.* Monnaie fr. en Sicile sur une pièce de Justin II et de Sophie. Br. *AB.* 20 »
799 — Croix. (48 *bis*). *AV.* *TB.* 30 »
800 *Constantin IV. Pogonat.* Demi-sou (22). *AV.* *B.* 15 »
801 — Sou épais (21). *AV.* *B.* 30 »
802 *Théophile.* Tiers de sou (6). *AV.* *B.* 12 »
803 *Basile I, Constantin VIII et Léon VI* (12). Br. *B.* 4 »
804 *Léon VI* (4). Br. *TB.* 5 »
805 *Constantin X et Zoé* (2). Br. *B.* 2 »
806 *Romain II* (2). Br. *AB.* 3 »

807 *Basile II et Constantin XI* (4 var). AV. TB. 40 »
808 *Nicéphore II Focas* (3). AV. B. 35 »
809 *Jean I Zimiscès* (6). Br. AB. 1 »
810 *Constantin XI* (4). Br. AB. 5 »
811 *Romain III Argyre* (1). AV., troué. AB. 20 »
812 *Constantin XIII* (7). Br. B. 2 »
813 — *et Eudocie*. Monnaie fr. sur une pièce de Jean I Zimiscès (1). Br. B. 50 »
814 *Eudocie, Romain IV, Michel, Constantin et Andronic* (4). AV., concave, troué. TB. 35 »

OSTROGOTHS

815 *Théodoric*. Pièce au nom de Justin I (7). Æ. B. 5 »
816 *Athalaric*. — (11). Æ. AB. 5 »
817 — Pièce fr. à Rome (2). Br. B. 3 »
818 *Witiges*. Pièce au nom de Justinien I (1). Æ. B. 30 »
819 *Baduela*. Pièce à son buste (3). Br. AB. 3 »
820 — — au nom de Justinien I (18). Br. FR. 5 »
821 *Autonome*. Buste de Rome et aigle (1). Br. B. 2 »

FRANCE

a. MONNAIES ROYALES

822 *Charlemagne*. Denier. Lyon. (Gariel 68), échancré. AB. 40 »
823 — Denier. Melle (Gariel 209). TB. 15 »
824 *Louis le Débonnaire*. Denier. Paris (Gariel 92). AB. 40 »
825 — Denier au temple. 2 var. B. à 3 »
826 — Obole au temple. AB. 5 »
827 — — de Melle. AB. 10 »
828 *Charles le Chauve*. Denier. Reims (Gariel 193 var.). TB. 16 »
829 — Denier. Le Mans (Gariel 129). TB. 6 »
830 — Denier. Saosnes (Gariel 94). TB. 5 »

831 — Denier de Melle (Caron, IX, 6). *B.* 2 »
831 *bis* — Obole de Melle (Gariel 76). *B.* 4 »
832 *Louis V.* Denier d'Etampes (P. A. 51). *AB.* 2 »
833 *Louis II le Bègue.* Denier d'Arles (Gariel 2). *AB.* 20 »
834 *Eudes.* Denier de Limoges (Gariel 26). — (P. A. 2274). *TB.* 5 » *AB.* 2 50
835 — Denier de Toulouse (Gariel 52). *TB.* 8 »
836 *Lothaire.* Denier de Bourges (Gariel 9). *B.* 3 »
837 *Philippe I.* Obole de Mâcon (Hoffm. 32). *FR.* 6 »
838 *Louis VI.* Denier de Nevers (Hoffm. 22). *TB.* 5 »
839 — Obole de Nevers (Hoffm. 23 var.). *AB.* 5 »
840 — Denier de Pontoise (Hoffm. 6). *AB.* 3 »
841 *Louis VII.* Denier de Langres. (Hoffm. 17). *B.* 6 »
842 — Denier d'Angoulême (Hoffm. 18 var). *AB.* 3 »
843 *Philippe II.* Denier de Paris (Hoffm. 1). *FR.* 1 »
844 — Denier d'Arras (Hoffm. 3). *B.* 2 »
845 *Louis XI.* Gros tournois (Hoffm. 9). *TB.* 2 »
846 — Denier tournois (Hoffm. 13). *B.* 1 »
847 *Philippe IV.* Gros tournois (Hoffm. 8). *B.* 1 50
848 — Bourgeois fort (Hoffm. 26). *AB.* 1 »
849 — Bourgeois simple (Hoffm. 28). *AB.* » 50
850 — Royal Parisis double (Hoffm. 20). *FR.* 1 »
851 *Philippe V.* Gros tournois (Hoffm. 2). *B.* 2 50
852 *Charles IV.* Maille blanche (Hoffm. 7). *AB.* 2 »
853 *Philippe VI.* Gros à la fleur de lis (Hoffm. 29). *AB.* 3 »
854 *Jean le Bon.* Royal d'or (Hoffm. 8). *B.* 20 »
855 — Gros blanc (Hoffm. 33). *AB.* 4 »
856 — Gros blanc à la fleur de lis (Hoffm. 39). *AB.* 3 »
857 — Gros blanc (Hoffm. 41 var.). *AB.* 5 »
858 *Charles V.* Blanc aux fleurs de lis (Hoffm. 7). *AB.* 4 »
859 — Gros delphinat (Hoffm. 14). *B.* 6 »
860 — Petit Dauphin (Hoffm. 15). *TB.* 15 »
861 — Petit Dauphin (Hoffm. 16). 2 var. *B.* à 12 »
862 *Charles VI.* Gros aux fleurs de lis (Hoffm. 15). *TB.* 6 »
863 — Maille (Hoffm, 41). *AB.* 2 »
864 *Henri VI.* Blanc aux écus (Hoffm. 6). *B.* 2 »
865 *Charles VII.* Grand blanc (Hoffm. 36). *B.* 2 »

866 — Patard (Hoffm. 71). *B.* 5 » *FR.* 2 »
867 *Louis XI.* Hardi (Hoffm. 34). *AB.* 2 »
868 — Grand blanc au soleil (Hoffm. 19), doré. *AB.* 2 »
869 — — pour le Dauphiné, fr. à Romans (Hoffm. 24). *AB.* 6 »
870 *Charles VIII.* Carolus (Hoffm. 19). *AB.* 2 »
871 — Double tournois (Hoffm. 29). *AB.* 2 »
872 — Aquila. Cavallo (Hoffm. 63) *AB.* 2 »
873 *Louis XII.* Écu d'or au porc-épic (Hoffm. 6). *TB.* 25 »
874 *François I.* Écu au soleil, fr. à Bayonne par Barthélemy de Moléon (Hoffm. 4). — (Saulcy 5). *AB.* 40 »
875 — Teston du Dauphiné, fr. à Grenoble par Etienne Nachon (Hoffm. 53). — (Saulcy 149 var). *AB.* 25 »
876 — Teston fr. à La Rochelle par André Cybot. Inédit. *B.* 180 »
877 — Teston fr. à Lyon, par Michel Guilhem, en 1528. (Hoffm. 42). — (Saulcy 165). *TB.* 25 »
878 — Teston fr. à Lyon par François Guilhem (Hoffm. 41). — (Saulcy 182 var.). *B.* 25 »
879 — Demi-teston fr. à Toulouse (Hoffm. 82). — (Saulcy 261 var.). *AB.* 15 »
880 — Douzain (Hoffm. 92). *AB.* 3 »
881 — Douzain à la croix blanche, fr. à Paris (Hoffm. 108). — (Saulcy 444). *B.* 5 »
882 *Henri II.* Teston s. d. fr. au moulin de Paris (Hoffm. 52). *TB.* 25 »
883 — Teston 1561 fr. à Nantes (Hoffm. 59 var.). *AB.* 6 »
884 — Teston du Dauphiné fr. à Grenoble (Hoffm. 60). 2 var. *B.* à 10 »
885 — Demi-teston 1560 fr. à Lyon. *B.* 25 »
886 — Demi-teston 1559 fr. à Toulouse (Hoffm. 65). *B.* 8 »
887 — HENRICVS·DEI·G·FRANCO·II·REX. Buste cuirassé, à dr. Demi-teston 1560 fr. à Toulouse. Curieuse transposition dans la légende. *B.* 50 »
888 — Demi-teston 1562 fr. à Bayonne (Hoffm. 67). *AB.* 6 »

889 Douzain aux croissants 1550 fr. à Dijon (Hoffm. 74). *B.* 2 »

890 *Charles IX.* Teston 1565 fr. à Toulouse par Pierre Raffin (Hoffm. 10). *B.* 6 »

891 — Double sol parisis (Hoffm. 31). *AB.* 2 50

892 — Sol parisis fr. à Montpellier (Hoffm. 43). *AB.* 2 »

893 *Henri III.* Franc 1582 (?) fr. à Toulouse (Hoffm. 25), rogné. *B.* 7 »

894 — Quart d'écu 1582 fr. à Tours (Hoffm. 28). *B.* 3 »

895 — Gros de Nesle 1583 fr. à Lyon (Hoffm. 36). *AB.* 2 »

896 — Douzain du Dauphiné 1577 (Hoffm. 44). *AB.* 2 »

897 — Double tournois 1592 (?) fr. à Lyon (Hoffm. 54). *FR.* 0 75

898 *Charles X.* Quart d'écu 1594 fr. à Nantes (Hoffm. 8). *AB.* 3 »

899 — Douzain 1592 fr. à Dijon (Hoffm. 12). *AB.* 1 50

900 — Liard au C 1593 fr. à Lyon (Hoffm. 15). *B.* 7 »

901 *Henri IV.* Quart d'écu de Navarre 1591 (Hoffm. 29). *AB.* 3 »

902 Demi-franc 1604 fr. à Toulouse (Hoffm. 44). *B.* 10 »

903 *Louis XIII.* Louis d'argent de 5 sols 1642 fr. à Paris (Hoffm. 90). *B.* 1 »

904 — Louis d'argent de 15 sols 1643 fr. à Lyon (Hoffm. 97). *TB.* 3 »

905 — Double tournois 1614 et 1621 (Hoffm. 125). *B.* à 1 »

906 — Double tournois 1612 fr. à Toulouse (Hoffm. 127). *B.* 3 »

907 — Seiseno 1642 Girone. Cuivre (Hoffm. 158). *AB.* 5 »

908 *Louis XIV.* Douzain de 1644 fr. à Paris et à Lyon. (Hoffm. 63). 2 p. *B.* à 1 »

909 — Vingt sols fr. à Aix, 1707 (Hoffm. 171). *B.* 2 50

910 — Menul 1648 (?) Perpignan. Cuivre. (P. A. 3641). — (Hoffm. 260). *AB.* 5 »

911 — Seizain 1648 (?) Barcelone. Cuivre (Hoffm. 265). *B.* 2 »

912 *Louis XV.* Jeton de P. Nicolas Prück, gr. à Düsseldorf, 1725. Son mariage avec Marie, fille de Stanislas de Pologne. 7 gr. *B.* 6 »
913 — 24 sols 1756 fr. à Perpignan (Hoffm. 59). *B.* 4 »
914 — 12 sols 1761 fr. à Montpellier (Hoffm. 60). *B.* 1 50
915 *Louis XVI.* 12 sous 1788 fr. à Marseille (Hoffm. 15). *B.* 2 »
916 *Napoléon I.* Méd. 1806. Victoire d'Iéna (Millin 204). Br. *B.* 3 »

b. MONNAIES FÉODALES

917 BRETAGNE. *Geoffroi, comte de Nantes.* Denier (P. A. 271). *B.* 12 »
918 — Denier anonyme de Nantes (P. A. 282). *B.* 1 »
919 — *François I.* Blanc de Rennes (P. A. 1207), légèr. doré. *B.* 3 »
920 — *François II.* Gros de Nantes (P. A. 1269 var.). *AB.* 4 »
921 — *François II.* Gros de Rennes (P. A. 1333 var.). *B.* 4 »
922 ANJOU. *Foulques V.* Denier (P. A. 1498). *B.* 1 »
923 ABBAYE DE TOURS. Denier. 2 p. *B.* à 0 80
924 CHARTRES. Comté. Obole anonyme. *FR.* 1 »
925 CHATEAUDUN. Denier (P. A. 1834). *B.* 2 »
926 CHATEAUROUX. *Raoul.* Denier de Déols (P. A. 1951). *B.* 4 »
927 GIEN. *Geoffroi II.* Denier (P. A. 1998). *B.* 1 »
928 SANCERRE. Comté. Denier anonyme (P. A. 2012 et 2014). *B.* à 1 »
929 NEVERS. *Hervé de Donzy.* Denier (P. A. 2138). *AB.* 1 »
930 *Guy de Forez.* Denier (P. A. 2140). *AB.* 2 50
931 SOUVIGNY. Denier (P. A. 2181). *B.* 6 »
932 LE PUY. Évêché. Denier (P. A. 2237). *AB.* 5 »
933 — Denier. *FR.* 1 »
934 CLERMONT. Évêché. Denier (2252). *B.* 1 »
935 POITOU. *Richard Cœur de lion.* Denier et obole. *B.* à 3 »

936 — *Alphonse*. Denier (2583). 2 p. *B*. à 1 »
937 AQUITAINE. *Sanche*. Denier de Bordeaux (2711 var.). 2 p. *B*. à 5 »
938 — *Bernard-Guillaume*. Denier de Bordeaux (2720, etc.). *B*. 3 »
939 — *Bernard-Guillaume*. Obole (2732). *B*. 4 »
940 — *Henri II, roi d'Angleterre*. Denier (2756). *B*. 3 »
941 — — Obole (2759). *AB*. 6 »
942 — *Edouard, prince de Galles, dit le Prince noir*. Gros. *AB*. 12 »
943 — *Edouard, prince de Galles, dit le Prince Noir*. Esterlin. *B*. 5 »
944 BÉARN. *Centulle*. Denier (3233). *TB*. 1 25 *AB*. 0 75
945 — *François-Phébus*. Blanc fr. à Morlaix (3282). *B*. 4 50, doré. *AB*. 3 50
946 — *Henri d'Albret*. Blanc (3321). *AB*. 4 »
947 NAVARRE. *Jean et Blanche*. Blanc (3345), rare. *AB*. 22 »
948 — *Ferdinand le Catholique* (3390 var.). *AB*. 16 »
949 — *Ant. de Bourbon et Jeanne d'Albret*. Demi-teston 1562 (?) (3415). *AB*. 25 »
950 — *Ant. de Bourbon et Jeanne d'Albret*. Teston 1565 (3417). *TB*. 22 »
951 *Jeanne d'Albret*. Teston 1565 (3438 var.). *B*. 8 »
952 *Henri II*. Teston 1573 (3474 var.). *B*. 8 »
953 — Franc 1583 (3484). *B*. 10 »
954 AMPURIAS ? Denier de Charlemagne attribué à Parme .A.M.P.O autour d'une croix. (Engel et Serrure. Traité de numismatique du moyen âge, I, p. 212.) *B*., mais un peu brisé. 55 »
955 ROUSSILLON. *Jean I d'Aragon*. Demi-florin d'or fr. à Perpignan. *AB*. 16 »
956 — *Alphonse V*. Gros (3548). *AB*. 10 »
957 — Sol 1598 fr. à Perpignan (3613). *B*. 2 »
958 — *Philippe III*. Sol 1611 (3574). *AB*. 2 »
959 TOULOUSE. *Bertrand*. Denier (3682 et 3683). *TB*. à 8 »
960 — *Alfonse-Jourdain*. Denier (3685). *TB*. 3 » *FR*. 1 50
961 — *Alfonse II*. Denier (3690), rare. *AB*. 20 »

962 — *Raimond VII.* Denier (3702). *B.* 1 »
963 — — Obole (3703). *B.* 2 »
964 — *Alfonse de France.* Denier (3706). *AB.* 2 »
965 PROVENCE, Marquisat. *Raimond VII.* Denier (3723). 2 var. *B.* à 1 »
966 — *Raimond VII.* Petit denier (3726). *AB.* 2 »
967 — *Raimond VII.* Petit denier (3730). *B.* 2 50
968 — *Alfonse.* Denier (3735). *AB.* 3 »
969 NARBONNE. *Raimond-Bérenger.* Denier (4749). *B.* 40 »
970 — La même pièce fortement échancrée. 10 »
971 BÉZIERS. *Roger II.* Denier (3831 var.). *B.* 16 »
972 MAGUELONNE. *Raimond.* Denier. *B.* 1 »
973 — — Obole. *AB.* 0 75
974 ANDUSE ET SAUVE. *Bernard.* Denier (3855). *TB.* 3 »
975 VIVIERS. Évêché. Denier anonyme à la tête mitrée (3864). *B.* 6 »
976 — Denier anonyme à la crosse (3865). *B.* 2 »
977 RODEZ. *Hugues.* Denier (3880). 2 var. *B.* à 1 »
978 — — Obole (3881). *AB.* 8 »
979 ALBI. *Raimond de Toulouse.* Denier (3894). 3 p. *B.* à 2 »
980 ALBI-BONAFOS. *Raimond de Toulouse.* Petit denier (3900). *B.* 5 »
981 CAHORS. Évêché et ville. Denier (3921). 2 p. *B.* à 1 »
982 PROVENCE. Comté. *Guillaume IV de Forcalquier.* Denier (3929). *B.* 6 »
983 — *Alfonse d'Aragon.* Denier (3930). *TB.* 2 »
984 — — Obole (3931). *B.* 1 »
985 — *Charles I d'Anjou.* Denier (3942). *AB.* 5 »
986 — — Denier fr. à Marseille (3956 et 3957). 2 p. *TB.* à 12 »
977 — *Charles I d'Anjou.* Denier fr. à Marseille (3960). *B.* 5 »
988 — *Charles I d'Anjou.* Gros (3973). *FR.* 1 »
989 — *Robert.* Carlin (3981 var.). *B.* 3 »
990 — — Sol couronnat (3988 var.). *B.* 1 »
991 — — Double denier au buste (3993). *B.* 5 »
992 — — Obole (4003). *FR.* 4 »

993 — *Louis et Jeanne*. Sol couronnat (4031). *B*. 2 »

994 — *Louis*. Sol couronnat (4052 var.), brisé. 3 »

995 — *Hugues de Baux, vicomte de Marseille*. Bulle de plomb du commencement du XIIIe siècle. *AB*. 16 »

996 COMTAT-VENAISSIN. Petit denier (4132). *B*. 5 »

997 — Obole (4135). *AB*. 2 »

998 — *Urbain V*. Carlin (4173). *AB*. 4 »

999 — *Martin V*. Carlin (4240). *B*. 15 » *FR*. 8 »

1000 — *Sixte IV*. Bulle de plomb à la tête de saint Pierre et à deux clefs en sautoir. *AB*. 25 »

1001 — *Pie V*. Gros (4302 var.). *B*. 5 »

1002 — *Sixte V*. Jules 1589 (4322 var.). *AB*. 6 »

1003 — *Clément VIII*. Jules 1595 (4334). *FR*. 2 »

1004 — *Urbain VIII*. Quattrino 1635 et 1636. *B*. à 1 50

1005 ORANGE. *Guillaume IV*. Denier. (Rev. num. franç., VI, 1861, p. 308), rare. *B*. 20 »

1006 — Denier anonyme (4473 var.). *B*. 3 »

1007 — *Raimond IV*. Blanc (4510), légèr. échancré. 10 »

1008 — — Florin d'or, cornet pour différent (4523). *TB*. 20 »

1009 — *Fréd.-Henri*. Denier tournois. 2 var. *AB*. à » 50

1010 ORANGE. *Fréd.-Maur. de la Tour*. Denier tournois 1637, inédit. *AB*. 10 »

1011 VALENCE. Evêché. Denier (4690). *B*. 1 »

1012 — Obole (4691). *FR*. 1 »

1013 VIENNE. Archevêché. Denier au monogramme de Henri (4820). *TB*. 10 » *AB*. 6 »

1014 VIENNE. Archevêché. Denier (4826). *B*. 1 »

1015 — Var. du précédent. *B*. 1 »

1016 — Demi-gros (4838 var.). *B*. 18 »

1017 DAUPHINÉ. *Humbert II*. Demi-gros (4874). *AB*. 5 »

1018 — — — (4879 var.), échancré. *AB*. 2 50

1019 — *Charles V*. Demi-gros (4900 var.). *B*. 15 »

1020 — Le dauphin de Viennois à cheval, à g. ℞. + ❀ BARONIE ❀ MEDVLLIONIS ❀ Ecu au dauphin. Bulle de plomb. *B*. 28 »

1021 LYON. Archevêché. *Philippe de Savoie* (?). Denier. L barrée, accostée du soleil et de la lune. (*Rev. num. franç.*, X, 1865, p. 263.) *TB.* 20 »
1022 — Denier anonyme. 3 var. *B.* à 2 »
1023 — Obole anonyme. 2 var. *B.* à 2 »
1024 — Petite obole anonyme. *B.* 6 »
1025 DOMBES. *Jean II de Bourbon.* Blanc (5079). *B.* 10 »
1026 — *Louis II de Montpensier.* Teston 1577 (5116 var.). *AB.* 7 »
1027 — *Henri de Montpensier.* Douzain. *FR.* 1 »
1028 — *Marie de Montpensier.* Double tournois 1626 et 1628. *AB.* à 1 »
1029 — *Gaston*, usufruitier. Double tournois 1639. 2 var. *B.* à 0 60
1030 – *Gaston*, usufruitier. Liard (5215). *AB.* 3 »
1031 — *Anne-Marie-Louise.* Liards de dates différentes à 0 50
1032 CLUNY. Abbaye. Denier (5596). Falsification du temps. *B.* 5 »
1033 BOURGOGNE. *Robert II.* Denier fr. à Dijon (5673). *B.* 6 »
1034 — *Hugues V.* Denier fr. à Dijon (5676). *B.* 1 »
1035 — *Jean sans Peur.* Blanc (5724). *B.* 2 »
1036 — *Charles le Téméraire.* Angrogne fr. à Auxonne (5821). *AB.* 4 »
1037 — *Charles le Téméraire.* Blanc. (5748). Rare. *TB.* 12 »
1038 CHAMPAGNE. *Henri I.* Denier de Provins (5975). *B.* 1 »
1039 — *Thiébaut IV.* Denier de Provins (5980). *B.* 1 »
1040 MEAUX. Evêché. *Bourchard.* Denier (6019). *B.* 5 »
1041 — *Etienne de La Chapelle.* Denier. (6027). *B.* 5 »
1042 CHALONS-SUR-MARNE. Evêché. *Guillaume I Champeaux.* Denier (6043). Rare. *AB.* 16 »
1043 BOUILLON. *Henri de La Tour.* Double liard 1614. *AB.* 0 50
1044 — *Fréd.-Maurice de la Tour.* Double tournois 1632. *AB.* 0 50
1045 CALAIS. *Henri V.* Gros. (6655). *B.* 5 »

MONNAIES DIVERSES

1046 ALLEMAGNE. *Charles-Quint.* Méd. à bélière de Henri Reitz 1537 (Herrg., XXII, 35). 83 gr. Coulée, ciselée et dorée. *B.* 80 »
1047 ANGLETERRE. *Guillaume I le Conquérant.* Denier. *TB.* 10 »
1048 — *Henri III.* Penny fr. à Londres (C. Well. 1961). *AB.* 1 »
1049 — *Edouard II.* Penny fr. à Londres. *B.* 1 »
1050 — — — de Cantorbéry (Ruding, III, 4). *AB.* 1 »
1051 — *Edouard II.* Penny de Yorc. *AB.* 2 »
1052 DANEMARC. *Chrétien VII.* Ecu 1788, p. le Schleswig-Holstein. *B.* 6 »
1053 ECOSSE. *Alexandre II.* Denier. *B.* 15 »
1054 — *Alexandre III.* Denier (C. Well. 2236). *B.* 8 »
1055 ESPAGNE. *Visigoth.* Rechesvind. Denier de Tolède. Faux. *TB.* 2 »
1056 Léon et Castille. *Alfonse VI.* Denier de Tolède (Heiss 3). *B.* 10 »
1057 Léon et Castille. *Alfonse VI.* Obole de Tolède (Heiss 5). Un peu échancré. *AB.* 10 »
1058 Castille. *Henri IV.* Vellon (Heiss 44 var.). 2 var. à 2 »
1059 — *Ferdinand et Isabelle.* Pièce de 2 ducats (Heiss 67 var.). 7 gr. *B.* 40 »
1060 — *Ferdinand et Isabelle.* Demi-réal (Heiss 126 var.). *B.* 5 »
1061 — *Ferdinand et Isabelle.* Pièce en cuivre (Heiss 149). *FR.* 2 »
1062 — *Jeanne et Charles.* Essai en cuivre de la pièce en or (Heiss 3 var.). *B.* 15 »
1063 Aragon. *Pierre II.* Denier (Heiss 1). *B.* 5 »
1064 — *Pierre IV.* Denier (Heiss 2). *B.* 5 »

1065 Barcelone. *Raimond Bérenger* (?). Denier (Heiss 3 var.). *B.* 20 »
1066 — *Alfonse II.* Denier (Heiss 1). 2 var. *B.* à 10 »
1067 — *Jaime I.* Denier (Heiss 1). *B.* 8 »
1068 — — — (Heiss 3). *B.* 1 »
1069 — *Pierre IV.* Réal (Heiss 1). 2 var. *B.* à 3 »
1070 — *Alfonse III.* Réal (Heiss 2). *B.* 10 »
1071 — — Demi-réal (Heiss 1). *TB.* 12 »
1072 — *Jaime II.* Denier (Heiss 5). 2 var. *B* à 0 75
1073 — — Réal (Heiss 1). 3 var. *B.* à 6 »
1074 — — Denier (Heiss 3). 2 var. *B.* à 1 »
1075 — *Alfonse IV.* Réal (Heiss 1). 2 var. *B.* à 2 »
1076 — — Denier (Heiss 2). *B.* 3 »
1077 Barcelone. *Martin.* Réal (Heiss 1). *B.* 6 »
1078 — *Ferdinand II.* Réal (Heiss 1). *AB.* 2 »
1079 — — Demi-réal (Heiss 3 var.). *TB.* 4 »
1080 — — Denier (Heiss 7). *B.* 1 »
1081 — *Philippe IV.* 5 sols, 1633 (Heiss 4). 2 var. *B.* à 2 »
1082 — — Ardite 1632 (Heiss 10). *AB.* 0 50
1083 — *Charles II.* 5 sols 1687 (Heiss 3). *TB.* 4 »
1084 Gerona. *Jean II.* Carlin (Heiss 4). *B.* 35 »
1085 — *Charles IV.* Jeton. Proclamation 1789. *B.* 1 »
1086 Granollers. *Philippe III.* Pièce en cuivre (Heiss 2). *B.* 4 »
1087 Valence. *Jaime I.* Denier (Heiss 1 et 4). 2 var. *B.* à 2 »
1088 — *Alfonse V.* Réal (Heiss 4). *B.* 10 »
1089 Majorque. *Ferdinand I.* Réal (Heiss 2). *B.* 25 »
1090 — — Demi-réal (Heiss 3). *AB.* 10 »
1091 — *Alfonse V.* Réal. *B.* 30 »
1092 — *Ferdinand II.* Réal (Heiss 6 var.). *AB.* 6 »
1093 Ibiza. *Philippe IV.* Pièce en cuivre (Heiss 1). *AB.* 3 »
1094 ITALIE. *Ancona.* Gros au St Quiriac. Troué. *B.* 1 50
1095 — — Demi-gros à l'A. *B.* 1 »
1096 — *Bologne.* Gros au lion et au Saint-Petronius. *TB.* 2 »
1097 — *Déciane.* Delfino Tizzone. Quattrino 1583 (?). *B.* 6 »

1098 — *Florence.* Florin d'argent à la fleur de lis et au saint Jean debout. *B.* 4 »

1099 — *Gênes.* Gabriel Adorno. Gros. *B.* 6 »

1100 — *Mantoue.* Marguerite et François III de Gonzague. Giulio. *FR.* 10 »

1101 — *Milan.* Bernabo et Galeazzo II Visconti. Denier. *B.* 1 »

1102 — *Milan.* Philippe-Marie. Demi-gros. *B.* 2 »

1103 — *Naples.* Alfonse II d'Aragon. Demi-carlin à l'hermine et à l'autel. *B.* 8 »

1104 — *Pavie.* Othon I. Denier. *B.* 3 »

1105 — *Pise.* Frédéric I. Demi-gros. *B.* 2 »

1106 — *Plaisance.* Conrad II. Obole. *AB.* 3 »

1107 — — Alexandre Farnèse. Ecu 1591. Pallas debout entre un fleuve personnifié et une louve. *AB.* 13 »

1108 — *Ravenna.* Archevêche. Denier. *AB.* 1 50

1109 — *Rome.* Siège vacant 1378. Denier. *B.* 8 »

1110 — *Savoie.* Philippe I. Denier à la croix cantonnée de deux points. Promis II. 1 var. *B.* 6 »

1111 — *Sicile.* Roger I. Monnaie au cavalier et à la Vierge assise tenant l'Enfant Jésus. Cuivre. *FR.* 2 »

1112 — *Sicile.* Constance et Pierre I. Gros (Heiss 116.2). *B.* 12 »

1113 — *Sicile.* Alfonse V. Carlin (Heiss 118.6). Troué. *AB.* 15 »

1114 — *Sicile.* Jean II. Gros (Heiss 119.2). *AB.* 5 »

1115 — — Ferdinand II. Gros (Heiss 119.8 var.). *AB.* 2 »

1116 — *Tortona.* Frédéric I Barberousse. Denier. *AB.* 4 »

1117 — *Venise.* Pierre Ziani. Matapan. *TB.* 1 50

1118 — — André Gritti. Oselle. *AB.* 3 »

1119 ORIENT LATIN. *Antioche.* Tancrède. Buste de saint Pierre de face et légende en quatre lignes. Cuivre. *AB.* 4 »

1120 — *Antioche.* Tancrède. Buste, de face, de Tancrède. ℞. Croix. Cuiv. *AB.* 10 »

1121 — *Antioche*. Roger I. Le Christ deb., de face. ℞. Légende en quatre lignes. Cuivre. *B*. 12 »

1122 — *Saint-Jean de Jérusalem*. Raimond Zocosta. Sceau de plomb. *B*. 25 »

1123 — *Achaie*. Guill. de Villehardouin. Denier. *B*. 3 »

1124 — — Louis de Savoie, roi. Tiers d'obole. Promis suppl., III, 8 var. *AB*. 15 »

1125 — *Athènes*. Gui I de la Roche. Denier. *F*. 2 »

Forgeais. Collection de plombs historiés trouvés dans la Seine. Cinq séries. Paris, 1862-66, 5 vol. gr. in-8°, demi-chagrin bleu. Avec plus de 900 gravures dans le texte....... 65 »

Lorraine. Siebmacher's neues Wappenbuch. Der Adel Deutsch-Lothringens. Nuremberg, 1873, in-4°, cart., avec 46 planches d'armoiries.

Nobiliaires des familles nobles du pays annexé, indispensable aux personnes s'occupant de recherches généalogiques et héraldiques.................................. 28 »

Zay (E.). Hist. monétaire des colonies franç., d'après les documents officiels. Paris, 1892, gr. in-8°............. 1 50

Mâcon, Protat frères, imprimeurs

MACON, PROTAT FRÈRES, IMPRIMEURS.

www.ingramcontent.com/pod-product-compliance
Ingram Content Group UK Ltd.
Pitfield, Milton Keynes, MK11 3LW, UK
UKHW021101270726
13994UKWH00009B/1729

9 782329 412733